www.tredition.de

AF196143

Hermann Obert

Tamara kalkuliert

Verlag: tredition GmbH, Hamburg

ISBN
Paperback: 978-3-7345-4313-5
Hardcover: 978-3-7345-4314-2

Printed in Germany

Der Praktikant

Theo hatte einen gefüllten Terminplan. Aber dieses Gespräch war ihm wichtig. Ein Student der Betriebswirtschaftslehre der Hochschule Donauringen hatte sich bei TT beworben. Er zeigte großes Interesse, in Theos Firma sein praktisches Studiensemester zu absolvieren. Marion und Tamara hatten bereits vor drei Wochen das Bewerbungsgespräch mit Ramon Dinero geführt. Theo hatte damals einen anderen Termin wahrzunehmen und somit hatte seine Prokuristin diese Personalentscheidung alleine getroffen. Einen Studenten für ein Semester zu beschäftigen war von überschaubarer Tragweite für sein Unternehmen und Marion hatte stets eine glückliche Hand bei Einstellungen bewiesen. Theo hatte zwar den Vertrag später mit unterschrieben, aber heute war der erste Arbeitstag von Herrn Dinero und somit Theos erste Gelegenheit, seinen neuen Mitarbeiter persönlich kennenzulernen.

Theo ging in das Besprechungszimmer nebenan. Marion saß bereits am Tisch und reichte Theo nochmals die Bewerbungsmappe und den Vertrag zur Durchsicht. Ramon Dinero war soeben mit seinem Auto hergefahren und Tamara war losgegangen, ihn unten in Empfang zu nehmen. „Weißt du, Theo, eigentlich ist es ganz geschickt, dass wir diesen Studenten für zehn Wochen an Bord haben. Tamara wird sicher einige Zeit investieren müssen, ihm unsere Zahlenwelt und Kalkulationsmethode zu vermitteln. Beim Vorstellungsgespräch hatte ich aber den Eindruck gewonnen, dass dieser Herr Dinero ein ganz aufgeweckter junger Mann ist. Du wirst ihn ja gleich kennenlernen. Wir müssen unsere Tamara doch auch mal Urlaub machen lassen und ich kann mir gut vorstellen, dass unser Praktikant in seinen letzten drei Wochen die Assistenzfunktion bei uns übernehmen kann.

Es klopfte an der Tür und eine strahlende Tamara Engel mit einem etwas unsicher wirkendem Ramon Dinero trat herein.

Marion übernahm die Vorstellung: „Herzlich Willkommen bei TT, Herr Dinero! Darf ich Ihnen Herrn Tüchtig vorstellen. Er ist Geschäftsführer und Eigentümer dieses Unternehmens." Theo reichte seinem neuen Mitarbeiter die Hand: „Guten Morgen Herr Dinero! Ich hoffe, Sie hatten eine gute Anreise, bitte nehmen Sie doch Platz." Herr Dinero und auch die anderen drei Personen setzten sich an den Tisch. „Ja, die Anfahrt war unproblematisch, das ist der Vorteil des ländlichen Raumes, da steckt man nicht ständig in irgendeinem Stau. Ich möchte mich auch bei Ihnen ganz herzlich bedanken, dass ich diesen Praktikumsplatz erhalten habe. Ich bin ja so gespannt, was ich bei TT alles lernen kann und freue mich vor allem darauf, mein Wissen auch mal in der Praxis anwenden zu können." Der zu dieser frühen Stunde übliche Morgenkaffee wurde gereicht und Theo holte sich eine Tasse seines eben erst aufgebrühten Tees. „Nun Herr Dinero, die Damen, meine Prokuristin Frau Bleibtreu und unsere Assistentin Frau Engel haben Sie bereits kennengelernt. Ich muss leider bald wieder weiter, vielleicht können Sie mir aber in drei Minuten schildern, wer Sie sind, was Sie schon gemacht haben und was Ihre weiteren Ziele sind."

Herr Dinero stellte die Tasse ab und atmete tief durch. Den Job hatte er ja sicher, aber einem Geschäftsführer gegenüber zu sitzen war für ihn etwas Neues. „Also, ich heiße Ramon Dinero und komme aus Hattingen. Ich studiere Betriebswirtschaftslehre an der Hochschule Donauringen. Vier Fachsemester habe ich bereits erfolgreich studiert und möchte nun mein praktisches Studiensemester in Ihrem Unternehmen absolvieren. Ich habe bei einer Genossenschaftsbank in Salamanca eine Ausbildung zum Bankkaufmann gemacht und bin im Anschluss daran wieder zu meinen Eltern gezogen. Hattingen ist ganz in der Nähe von meinem Studienort, so hat sich das einfach angeboten." Theo hatte eine Frage: „Herr Dinero, Sie sprechen perfekt Deutsch und haben in Spanien eine Lehre gemacht, wie ging das?" Herr Dinero hatte seine Nervosität inzwischen verloren und berichtete gerne: „Mein Vater ist gebürtiger Spanier und meine Mutter ist Deutsche. Während meiner Kindheit waren wir oft in den Ferien bei der Familie meines Vaters und so konnte ich quasi zweisprachig aufwachsen." Tamara hatte eine nicht ganz ernst gemeinte Idee: „Dann könnten Sie bei uns auch noch Spanisch Unterricht erteilen. Das wäre eine gute Vorbereitung für den nächsten Urlaub." Herr Dinero musste lachen. „Ja klar, nach Feierabend könnten wir da sicher noch etwas organisieren. Aber vielleicht hat TT auch Geschäftsbeziehungen zu spanischen Partnern, da könnte ich bei der Korrespondenz gerne mitwirken. Auf Ihre Frage hin Herr Tüchtig: Das ist eines meiner Ziele, einmal in einem deutsch-spanischen Umfeld zu arbeiten."

Marion ging darauf ein: „Wir haben gegenwärtig keine Beziehungen im spanischen Sprachraum. Die Tage hätten wir eher Italienischkenntnisse gebraucht." Damit spielte sie auf Tamaras Buchungsbemühungen in der norditalienischen Hotellerie an. Theo griff den Gedanken aber auf. „Ja, wer weiß, vielleicht gestalten wir mit Ihrer Unterstützung dereinst einen Messeauftritt in Madrid. Aber das ist noch Zukunftsmusik, jetzt absolvieren

Sie erst einmal Ihr Praktikum bei uns. Vielen Dank für Ihre Ausführungen. Sie werden hauptsächlich mit Frau Engel zusammenarbeiten. Sie wird Ihnen alles erklären was Sie wissen müssen und ich wünsche Ihnen einen guten Anfang bei TT. Ich darf mich dann aus dieser Runde verabschieden."

Theo musste zu seinem Fertigungsleiter. Julius wollte mit ihm noch einige Details zur Aufstellung der neuen Maschine besprechen. Die erforderliche Samstagsarbeit war mit der Betriebsrätin abgestimmt. Irene Friedmann unterstützte die Expansionsbemühungen und die Mitarbeiter freuten sich über das Zusatzeinkommen gleichermaßen.

Marion und Tamara geleiteten ihren neuen Mitstreiter in ihr Büro. „Nun haben Sie unseren Chef auch mal kennengelernt. Wir hatten bei Ihrem Vorstellungsgespräch bereits erwähnt, dass TT einen großen Auftrag akquiriert hat und wir mächtig zu tun haben, das neue Projekt zu realisieren. Das treibt unseren Chef natürlich auch um, deswegen hatte er nur wenig Zeit für Sie. Ich bin mir aber sicher, dass Sie spätestens beim Mittagstisch Gelegenheit haben werden, mit ihm näheres zu bereden."

Marion holte ein Formular aus ihrem Pultordner. „Herr Dinero, in Ergänzung zu Ihrem Arbeitsvertrag möchte ich Sie bitten, diese Vertraulichkeitserklärung durchzulesen und mir unterschrieben zurückzugeben. Wenn Sie dazu Fragen haben, beantworte ich sie Ihnen gerne. Im Rahmen Ihrer Tätigkeit bei uns erhalten Sie Zugriff zu Kennzahlen der Fertigung und betriebswirtschaftlichen Daten. Diese Informationen sind absolut firmenvertraulich und dürfen das Haus auf keinen Fall verlassen. Sie dürfen auch nicht mit unseren Mitarbeitern darüber reden."

Herr Dinero nahm das Schreiben in die Hand und überflog den Inhalt. „Wenn es Ihnen Recht ist, schaue ich mir das noch genauer an. Aber so etwas Ähnliches hatte ich bei meinem Ausbildungsbetrieb auch gehabt."

Marion war erfreut, einen Praktikanten mit einschlägiger Berufserfahrung gewonnen zu haben. „Das ist ganz gut, wenn Ihnen nicht alles neu ist. Dann fällt Ihnen der Einstieg bei uns sicher leicht und umso effektiver kann Ihr Einsatz für uns werden. Wir haben für Sie ein kleines Einarbeitungsprogramm gestaltet. Frau Engel hat die Aufgabe unternommen, Sie als Mentorin zu begleiten. Sie wird auch die wesentlichen Bestandteile Ihrer Einarbeitung übernehmen."

Tamara übernahm nun ihren Part. „Keine Sorge, jetzt werden Sie nicht mehr weitergereicht, wenigstens für heute." Herr Dinero antwortete mit einem Lächeln: „Das ist mir schon klar, dass es eine Weile dauert, bis ich alle für mich wichtige Menschen hier kennen gelernt habe, auch wenn TT kein Großbetrieb ist."

Damit geleitete Tamara ihren Schützling zu seinem Schreibtisch. Die Erstausstattung für den Büroalltag hatte sie bereits arrangiert. Papier, Stifte, ein schnurloses Telefon und vor allem ein Notebook. Eine User-ID für das TT-Web hatte sie als Administratorin ebenfalls bereits angelegt und nach der Unterzeichnung der Vertraulichkeitserklärung übergab sie Herrn Dinero das Zugangspasswort. Sie erklärte Herrn Dinero die Ordnerstruktur, damit dieser zügig an die Informationen gelangen konnte, die er am ersten Tag benötigte.

Neben der TT-Broschüre mit dem Produktportfolio und technischen High-Lights verwies sie auf die abgelegten Sicherheitsbestimmungen. „Die Sicherheitsunterweisung wird unser Meister der Frühschicht, Herr Kran um elf Uhr mit Ihnen durchführen. Er wird mit Ihnen auch durch die Fertigung gehen. Dann erhalten Sie von uns noch Sicherheitsschuhe, eine Schutzbrille und einen Arbeitsmantel. Mit diesen Utensilien sind Sie dann ein richtiger TT`ler!"

Tamara schaute erneut auf das Dateienverzeichnis. „Und hier ist der Speiseplan der Kantine abgelegt. Die Rosa vom Bissigen Hecht kocht uns immer ganz feine Sachen. Da gehen alle gerne hin, wenn wir nicht gerade auf Reduktionsdiät sind." Tamara schaute zu Herrn Dinero. Dieser klopfte sich auf den Bauch. „Ich glaube, Diät muss ich nicht halten." Tamara schien nachzudenken. „Ach ja, ganz wichtig: Um zwölf Uhr, Frau Bleibtreu hatte es bereits erwähnt, sollten Sie sich für unseren Chef zur Verfügung halten. Er wird es sich nicht nehmen lassen, Sie an Ihrem ersten Tag persönlich in die Kantine zu geleiten." Herr Dinero notierte sich auch diesen zweiten Termin in seinen Kalender. Wer weiß was noch alles kommen würde. Und diesen Termin wollte er auf keinen Fall versäumen.

„Ich glaube, für den Vormittag sind Sie ganz gut beschäftigt, bis Sie das alles gelesen haben. Ist es Ihnen Recht, wenn wir am Nachmittag in die Kalkulation einsteigen?" Herr Dinero nickte zustimmend. „Ja, klar, Sie sind Chief In Charge!" Tamara freute sich über diesen Titel und sie neckte ihren neuen Kollegen ein wenig: „Sie sind schnell von Begriff! Und wenn wir schon dabei sind, ich bin Tamara."

„Und ich heiße Ramon. Ich freue mich auf die Zusammenarbeit!"

Einstieg in die Kalkulation

Tamara und Ramon saßen im großen Besprechungszimmer. Tamaras Notebook war am Bildschirm angeschlossen. So konnten die beiden auf die große Anzeige schauen, das war bei den Tabellen und Zahlen sehr angenehm.

„Ramon, nun kann es losgehen. Lass dich von diesem Zahlenfriedhof nicht abschrecken. Es ist nicht gerade trivial, ein Unternehmen zahlenmäßig zu erfassen und dann noch einen korrekten Angebotspreis zu ermitteln. Es wird einige Zeit in Anspruch nehmen, bis wir das Ganze beschrieben haben und alle Zusammenhänge geklärt sind." Ramon war aufgeschlossen: „Tamara, du kannst mir ruhig etwas zumuten, immerhin bin ich Bankkaufmann und im 5. Semester BWL."

„Das Kalkulationsschema, das ich hier vorstelle, haben Marion und Theo zusammen definiert. Ich habe in meinen Vorlesungen und in anderen Betrieben sehr viel Komplizierteres gehört und gesehen. Das TT-System versucht auf möglichst einfache Art alle Kostenarten zu erfassen. Beim Kalkulieren, greife ich auf empirisch ermittelte Werte zurück und versuche mit geeigneten Prämissen Kostenstrukturen der Zukunft abzubilden. Der Kalkulator muss dafür sorgen, dass der Angebotspreis alle denkbaren Ausgaben abdeckt."

„Tamara, das verstehe ich, aber wenn ich mir nicht sicher bin, dann schlage ich eben einen höheren Gewinn dazu." Das war ihr zu einfach: „Weißt du, Ramon, wenn ich bei der Kalkulation mit zu viel Sicherheitszuschlägen rechne, steigt mein Angebotspreis und die Wahrscheinlichkeit wird groß, dass ich den Auftrag dann nicht erhalte und der Wettbewerber den Zuschlag bekommt. Das ist das Dilemma, in dem wir Kalkulatoren uns befinden. Setzen wir den Preis zu niedrig an, bekommen wir den Zuschlag und geraten in eine wirtschaftliche Schieflage. Machen wir den Preis zu hoch, erhalten wir den Auftrag nicht."

Ramon wurde nachdenklich. „Jetzt wird mir auch klar, warum so viele Unternehmen von der Bildfläche verschwinden, bei dieser Konkurrenz aus den Billiglohnländern." Tamara machte Hoffnung: „Wir bei TT produzieren Produkte mit einer Fertigungsphilosophie und in einer Qualität, dass wir unsere Nische behaupten können. Wir sind aber darauf angewiesen, dass unsere Kunden die Happy Kids Trinkbecher auch schätzen und wollen." Ramon hatte verstanden: „Wenn alle Kinder nur noch aus Pappbechern trinken würden, wäre das Produkt tot."

„Über diese volkswirtschaftlichen Effekte könnten wir noch lange diskutieren. Ich hätte nie gedacht, dass so große Unternehmen wie Motorola und Nokia, die damals Zukunftsprodukte entwickelten und herstellten so unter die Räder kommen würden. Unsere Chefs haben es bislang immer geschafft, unsere Arbeitsplätze zu sichern und mit dem neuen Auftrag werden wir sogar etwas wachsen. Damit sind wir auch beim Einstieg in das heutige Thema.

Bevor ich eine Kalkulation erstelle, muss ich mir Gewissheit verschaffen, welches meine Ausgaben sind. Sie lassen sich grob in die Kategorien Löhne, Gemeinkosten, Maschinenkosten, Materialkosten und Zuschläge einteilen. Als erstes schauen wir den Personalaufwand bei TT an."

Indirekte Mitarbeiter:

1	Theo Tüchtig	Eigentümer, Geschäftsführung, Vertrieb
2	Marion Bleibtreu	Prokuristin, Buchhaltung, Personalwesen
3	Daniel Klug	Entwicklung, Konstruktion
4	Tamara Engel	Assistenz
5	Julius Stetig	Fertigungsleiter
6	Martin Kran	Meister, Arbeitsvorbereitung (AV), IE
7	Ludmilla Wolja	Meisterin, AV, Industrial Engineering (IE)
8	Clara Schick	Vorarbeiterin, Instandhaltung, Wartung
9	Klaus Hurtig	Vorarbeiter, Instandhaltung, Wartung
10	Achim Hammer	Meister 3. Schicht, Wöckingen
11	Lisa Mutz	Azubi
12	Jörg Bachmer	Azubi
13	Heinz Stock	Wareneingang, Versand
14	Karla Hoch	Wareneingang, Versand
15	Jeremias Pack	Wareneingang, Versand
16	Lisa Lustig	Innerbetrieblicher Transport
17	Hans Fix	Innerbetrieblicher Transport
18	Achmed Duja	Innerbetrieblicher Transport
19	Hildegard Schnell	Innerbetrieblicher Transport
20	Melanie Testa	Qualitätssicherung
21	Johann Prüf	Qualitätssicherung

„In den Positionen 1 bis 21 findest du alle Personen aufgelistet, die im sogenannten indirekten Bereich arbeiten. Zuallererst unsere beiden Geschäftsführer, unser Entwickler und Konstrukteur und dann komme schon ich."

Ramon war beeindruckt: „Wie es scheint, bist du die viert wichtigste Person bei TT?" Tamara freute sich über diese Würdigung, blieb aber ehrlich: „Nein, Ramon, wenn es nach der Vertretungsbefugnis geht, kommt nach unserer Frau Bleibtreu der Fertigungsleiter, Herr Stetig. Bei Belangen der Produktion wird Herr Stetig von den Meistern der jeweiligen Schicht vertreten. Es gibt bei uns eine detaillierte Geschäftsordnung, in der geregelt ist, wer welche Entscheidungs- und Zeichnungsbefugnis hat. Verbindlichkeiten im Außenverhältnis bedürfen immer einer Unterschrift von Frau Bleibtreu oder Herrn Tüchtig. Bei besonders wichtigen Dingen, aber das weiß Frau Bleibtreu schon, zeichnet der Chef mit ab. Ich werde an Stelle vier aufgelistet, weil ich organisatorisch zum Geschäftsleitungsteam gehöre. Aber auch wenn ich keine explizite Zeichnungsbefugnis habe, kann ich in meinem Aufgabenbereich vieles gestalten, bewirken und zur Entscheidung herantragen."

„Bist du als Assistentin so was wie das *Mädchen für alles* und musst du auch Kaffee kochen?" Tamara lächelte. „Ich habe mit dieser Bezeichnung kein Problem, auch wenn andere es als feministisch bezeichnen würden. Unser Daniel Klug ist vielmehr dieses Mädchen für alles. Da TT doch recht klein ist, muss er in Personalunion alle Entwicklungs-, Konstruktions- und Erprobungsthemen abdecken. Auch das Industrial Engineering und die Beschaffung der Betriebsmittel gehören zu seinem Aufgabenbereich. Jetzt aber zu mir: Ich bin die Projektleiterin für unser neues Produkt, den CM17. Dann bin ich zuständig für alle Angebotskalkulationen, die ich allerdings immer mit Frau Bleibtreu durchspreche. Gemeinsam mit Herrn Klug betreue ich die TT-IT-Welt als Systemadministratorin. Dann bin ich bei Besprechungen der Geschäftsleitung und in der Produktionsbesprechung unseres Fertigungsleiters dabei. Ich schreibe das Protokoll und führe die ToDo-Liste. Ich habe Zugang zu allen Bereichen des Unternehmens, das ist echt interessant. Ja und Kaffee kochen tue ich in der Tat auch. Die Marion, Frau Bleibtreu ist so eine feine Chefin, da habe ich kein Problem, für sie eine Tasse Kaffee mit zu brühen. Und Daniel macht in unserer Kaffee-AG auch mit. Unser Chef ist Tee-Trinker und er lässt es sich nicht nehmen, seinen Darjeeling FTOGFOP selbst zu kochen. Dieses morgendliche Ritual zelebriert er mit Hingabe. Er hat mir auch schon geholfen, die Spülmaschine auszuräumen. Und die Marion, Frau Bleibtreu, spendiert immer wieder einen ihrer selbstgebackenen Kuchen. Also wir sind wirklich ein tolles Führungsteam.“

Ramon schaute sich die Tabelle nochmals an. „Wenn ich richtig aufgepasst habe, seid Ihr 60 Leute im Betrieb. Dann ist ja mehr als ein Drittel im indirekten Bereich.“ Tamara scrollte die Datei nach unten. „Wie du siehst, haben wir nach den geplanten Neueinstellungen 62 Personen auf der Pay Roll, wie die Insider so gerne sagen. Und wir werden nachher sehen, es gibt zu den bisherigen 21 Personen im indirekten Bereich noch weitere. Aber lass und Schritt für Schritt vorgehen.

In den Positionen 22 bis 26 findest du die Mitarbeiter, die in der Kunststoffteilefertigung in der Frühschicht arbeiten. Das Fertigungsverfahren lautet professionell ausgedrückt Kunststoffspritzgießen, aber manchmal reden wir in der Halle 2 nur vom Spritzen oder von der Spritzerei. Die gleiche Anzahl an Mitarbeiter haben wir dort auch in der Spätschicht. Das sind die Positionen 27 bis 31. Mit dem CM17 werden wir in die dritte Schicht gehen und damit auch nachts arbeiten, das sind die Positionen 32 und 33.

Mitarbeiter in der Kunststoffteilefertigung:

22	Ted Steinerle	Kunststoffspritzerei	Frühschicht
23	Sylvia Guss	Kunststoffspritzerei	Frühschicht
24	Martina Frey	Kunststoffspritzerei	Frühschicht
25	Erika Prima	Kunststoffspritzerei	Frühschicht
26	Moritz Stark	Kunststoffspritzerei	Frühschicht
27	Xaver Bräu	Kunststoffspritzerei	Spätschicht
28	Alois Bock	Kunststoffspritzerei	Spätschicht
29	Dunja Bilga	Kunststoffspritzerei	Spätschicht
30	Axel Kalt	Kunststoffspritzerei	Spätschicht
31	Ludger Sauer	Kunststoffspritzerei	Spätschicht
32	Hans Seele	Kunststoffspritzerei	Nachtschicht
33	Jochen Wach	Kunststoffspritzerei	Nachtschicht

In der Montage in Halle 1 arbeiten wir nur einschichtig, da reden wir auch von der Normalschicht. Derzeit haben wir 20 Arbeitsplätze dort eingerichtet."

Mitarbeiter in der Montage:

34	Carolin Steinerle	Montage	Normalschicht
35	Irene Friedmann	Montage	Normalschicht - Betriebsr
36	Helga Kallweiss	Montage	Normalschicht
37	Benno Glück	Montage	Normalschicht
38	Eleonore Schön	Montage	Normalschicht
39	Ludmilla Fuchs	Montage	Normalschicht
40	Franz Strauß	Montage	Normalschicht
41	Franca Ciola	Montage	Normalschicht
42	Denise Babbel	Montage	Normalschicht
43	Susan Moon	Montage	Normalschicht
44	Ilja Atlas	Montage	Normalschicht
45	Markus Schlank	Montage	Normalschicht
46	Gisela Rasch	Montage	Normalschicht
47	Monika Zack	Montage	Normalschicht
48	Sibylle Gluck	Montage	Normalschicht
49	Kerstin Senf	Montage	Normalschicht
50	Bastian Korn	Montage	Normalschicht
51	Hildegard Essig	Montage	Normalschicht
52	Marlise Rosenkranz	Montage	Normalschicht
53	Senta Senner	Montage	Normalschicht

„Tamara, wenn ich das also richtig verstehe, arbeiten bei euch in der Produktion 32 Arbeitskräfte. Wenn ich die 21 Personen aus dem indirekten Bereich dazuzähle, habe ich 53 in Summe. Vorhin hast du gesagt, ihr hättet 62 auf der Gehaltsliste. Wo finde ich dann die verbleibenden 9 AK?"

„Ramon, wir führen unter der Rubrik direkte AK nur die Personen, die auch tatsächlich in der Produktion vor Ort sind. Wir haben aber auch Leute, die gerade Urlaub haben, sich in Mutterschutz befinden, krank sind oder an einer Weiterbildungsmaßnahme teilnehmen. Diese AK gehören zur Kostenstelle unseres Fertigungsleiters, wir führen sie in unserem Kalkulationssystem aber als indirekte Kosten. Derzeit sind es die Personen der Positionen 54 bis 62."

54	Martina Hoffnung	Kunststoffspritzerei	Mutterschutz
55	Karl Bruch	Kunststoffspritzerei	Krankheit
56	Frank Berg	Kunststoffspritzerei	Urlaub
57	Jessica Fort	Montage	Urlaub
58	Maurice Fabus	Montage	Krankheit
59	Ida Schlau	Montage	Weiterbildung
60	Fritz Ungemach	Montage	Krankheit
61	Kerstin Sonne	Montage	Mutterschutz
62	Carmen Strebsam	Montage	Weiterbildung

„Aber das sind doch nicht immer dieselben?"

„Nein, natürlich nicht, dies hier ist nur eine Momentaufnahme. Aber im Jahresdurchschnitt habe ich neun Personen, die ich zusätzlich brauche, um die Produktion trotz Urlaub, Krankheit

Mutterschutz usw. aufrechterhalten zu können. Und diese Lohnsumme führen wir ebenfalls in der Kategorie Gemeinkosten."

„Jetzt wird mir auch klar, wie wichtig es ist, keinen zu hohen Krankenstand zu haben und was es bedeutet, die Leute während der Arbeitszeit zur Weiterbildung zu schicken. Das bedeutet ja auch, dass die 32 Arbeitskräfte in der Produktion die anderen 30 finanzieren."

„Das hört sich recht drastisch an, aber im Grunde ist es korrekt: Nur durch die Produktion verdienen wir Geld, durch den Verkauf der produzierten Güter. Aber die in der Produktion hätten keine Arbeit, wenn unser Chef nicht die Aufträge an Land gezogen hätte. Er oder früher noch sein Vater haben auch ihr ganzes Kapital in die Firma gesteckt, in Gebäude und Maschinen. Wenn Frau Bleibtreu nicht wäre, gäbe es keine GuV, keine Bilanz, keine Personalarbeit, keine Verträge und keine Gehaltsabrechnung. Ohne Herrn Klug gäbe es keine Neuentwicklungen, hätten wir den Tampondruck nicht.

Herr Stetig kümmert sich um die optimalen Fertigungs-Layouts, sorgt dafür, dass die richtigen Leute da sind, berät den Chef in Produktionsbelangen und stellt die reibungslose Produktion und Logistik sicher. Und unsere Meister sind die operativen Chefs vor Ort. Sie führen die Mitarbeiter, auch in fachlicher Hinsicht und sorgen dafür, dass das Produktionssoll erfüllt wird und die Sicherheitsbestimmungen eingehalten werden. Sie stellen gemeinsam mit unseren zwei Experten für das Qualitätsmanagement sicher, dass unsere Produkte auch den Kundenanforderungen entsprechen. Die Vorarbeiter unterstützen die Maschinenbediener beim Umrüsten oder Einrichten der Anlagen und beheben Störungen. Sie sorgen auch für Wartung und Pflege der Maschinen. Sie sollten alle Arbeitsschritte beherrschen, damit sie bei Bedarf einen der Mitarbeiter als Springer ersetzen können. Die Leute aus der Logistik stellen den Materialfluss im Betrieb sicher, nehmen Material an, lagern ein und sorgen für den termingerechten Versand von Fertigprodukten an unsere Kunden.

Unsere Personaldecke ist so dünn, dass der Chef selbst die Fertigung leitet, wenn Herr Stetig im Urlaub ist. Das Gleiche gilt, wenn Daniel einmal weg ist. Ja und ich kann erst in Urlaub gehen, wenn du dich entsprechend eingearbeitet hast."

Ramon schaute Tamara mit großen Augen an. „Au Mann, ob ich das schaffen werde?" Tamara machte ihm Mut: „Keine Sorge, mit den Aufgaben wachsen wir, außerdem haben wir ja noch fünf Wochen Zeit, um dich darauf vorzubereiten. Frau Bleibtreu oder Herr Tüchtig sind ja auch noch da, die sind sehr kooperativ und lassen dich bestimmt nicht hängen."

„OK, jetzt weiß ich warum ich hier bin. Schon am ersten Tag habe ich das Gefühl, ich werde gebraucht. Das ist ein schönes Gefühl!"

„So, Ramon, das war nun der Einstieg. Anhand dieser Personalliste wird dir auch klar, warum wir eine Vertraulichkeitserklärung unterschreiben mussten. Diese Informationen bleiben bitte auf diesem Stockwerk. Und wir werden noch tiefer einsteigen."

Personalkosten

„Jetzt haben wir eine Übersicht, wer welche Funktion im Unternehmen hat und vor allem, wie viele Menschen bezahlt werden müssen. Im nächsten Schritt werden wir die Lohnkosten dazu abbilden. An folgende Abkürzungen solltest du dich gewöhnen: h steht für Stunde, d steht für Tag, m steht für Monat, a steht für Jahr, s steht für Schicht.

Wir beginnen mit den direkten AK, mit denjenigen, die unmittelbar im Produktionsprozess eingebunden sind. Diese werden nach Stundenlohn bezahlt. Die Leute in der Normalschicht der Montage erhalten 15 €/h. Das sind bei 160 h/m 2.400 € Monatslohn. Oder für unsere Kalkulation als Jahresbetrag

$$15 \text{ €/h} \times 8 \text{ h/d} \times 250 \text{ d/a} = 30.000 \text{ €/a}$$

Die Leute in der Spritzerei erhalten einschließlich ihrer Schichtzulage im Durchschnitt 19 €/h. Damit kommen sie in einem Regelmonat auf 3.040 €."

„Das lohnt sich also, im Schichtbetrieb zu arbeiten!"

„Das stimmt, aber in der Spritzerei werden auch höhere Anforderungen an die Qualifikation gestellt. Und die Arbeitszeiten in den späten Abend hinein sind auch nicht jedermanns Fall. Die Frühschicht wäre für mich auch nichts, weil es mir schwer fiele, so früh aufzustehen. Für den direkten Lohn eines Mitarbeiters in der Spritzerei setzen wir demzufolge 38.000 €/a an."

„Tamara, wie sieht dies dann für die Leute in der Nachtschicht aus?" Tamara runzelte die Stirn. „Ramon, da hast du einen wunden Punkt angesprochen. Die Personalliste ist um die zusätzlichen AK ergänzt worden. Die höhere Lohnsumme für die in der Nachtschicht arbeitenden habe ich aber noch nicht erfasst. Da es bislang nur 2 von 32 AK sind, ist der Kalkulationsfehler noch vernachlässigbar. Die Gemeinkostenanalyse hat ergeben, dass wir durch die zusätzlichen direkten AK, wir hatten 30 und werden 32 haben, sich der GK-Satz von 280 % auf 267 % reduziert. Der CM17 ist noch mit den Prämissen zuvor kalkuliert und angeboten worden. Also ertragsmäßig werden wir auf der sicheren Seite liegen. Aber es wird dir klar, eine Kalkulation ist immer eine Momentaufnahme und die Kostensituation ist ständigen Veränderungen unterworfen. Der Angebotswert soll drei Jahre lang gelten. Da muss ich sich abzeichnende Loherhöhungen gleich einbeziehen oder auf Effizienzsteigerungen vertrauen. Mir ist es heute wichtig, Ramon, dass du unser Kalkulationssystem kennenlernst und verstehst. Die Aktualisierung ist ein laufendes Geschäft, die wir demnächst vielleicht gemeinsam durchführen werden."

„Das heißt, ihr habt ein Modell erstellt, in dem die Veränderungen laufend nachgezogen werden können?"

„Ja, so kannst du es ausdrücken. Allerdings gehört einiges an Fleiß dazu, immer alles aktuell zu halten."

„Es wäre interessant, einmal eine Sensitivitätsanalyse durchzuführen. Welche Auswirkungen auf die Kosten haben Lohnerhöhungen, was bewirkt ein höherer Krankenstand, was Steigerungen des Granulatpreises."

„Ramon, wenn du das Gesamtsystem begriffen hast, kannst du dich gerne damit befassen. Aber jetzt lass uns erst die Grundlagen hierfür schaffen."

Direkte Lohnsumme

Montage	20	600.000	30.000
KS Spritzerei	12	456.000	38.000
		1.056.000	

„Wenn du nun die direkten Lohnsummen je Mitarbeiter mit der Anzahl der produktiven Mitarbeiter multiplizierst und dann addierst, ergibt dies eine Lohnsumme ohne Gemeinkosten von 1.056.000 €/a.

Die Kosten für unser Verwaltungsgebäude, die Aufwendungen für Lohnfortzahlungen im Krankheitsfall, Renten- und Krankenkassenbeiträge und all die anderen Restgemeinkosten nehmen wir in die Gemeinkostenaufstellung mit auf. Die Aufwendungen für die Gebäude der Produktion finden sich über die Flächenkosten im Maschinenminutensatz wieder. Das kommt später!"

Indirekte Kosten

„Die Ermittlung der indirekten Kosten ist etwas aufwändiger. Ich erläutere sie beispielhaft an der Assistentin, den Mitarbeitern für den innerbetrieblichen Transport und unseren Auszubilden-den."

Lohnnebenkosten

	Assistent	Innerbetrieb- licher Transport	Azubi
Jahresgehalt	50.000	38.000	10.800
Arbeitgeberanteil Versicherungsbeiträge	20.000	15.200	4.320
Arbeitsplatzausstattung	4.000	20.000	5.000
Gebäudekosten anteilig	2.000	2.000	4.000
Kosten pro AK/a	76.000	75.200	24.120
Anzahl AK	1	4	2
Kosten/a €	76.000	300.800	48.240

„Ramon, ich oute mich jetzt. Wie du siehst, beträgt mein Jahresgehalt laut Kalkulationsschema 50.000 € incl. 13. Monatsgehalt und Urlaubsgeld. Ich muss hier manchmal ganz schön ran, aber die Arbeit macht mir großen Spaß und dafür dass ich auf dem Lande lebe kann ich mit meinen 3,7 gut leben." Ramon juckte es in den Fingern. „Ich würde gerne mit dir tauschen – aber um ehrlich zu sein, so gut wie du bin ich noch nicht."

„Das wird schon noch, nun wieder zu den Fakten:

Ungefähr 40 % der direkten Lohnsumme muss der Arbeitgeber an die Renten-, Kranken-, Arbeitslosenversicherung, Berufsgenossenschaft und ähnlichem abführen. Das entspricht diesen 20.000 €. In unserem Kalkulationsschema ist kein Vorhalt für Urlaub, Krankheit oder Weiterbildung wie bei den direkten Mitarbeitern enthalten. Da steckt die Unternehmensphilosophie dahinter, dass wir uns bei Abwesenheit gegenseitig vertreten und im indirekten Bereich bei einem solch kleinen Unternehmen nicht weiteres Personal vorgehalten werden kann. Für die Ausstattung meines Arbeitsplatzes und dem Anteil am Gebäude sind 4.000 € und 2.000 € eingestellt. Diese 6.000 € kannst du auch als Miete ansehen. Mein Arbeitsplatz kostet dem Unternehmen also 500 € pro Monat. Damit sind die Gebäudekosten zu finanzieren, Computer, IT allgemein, Schreibtisch, Heizung, Wasser und so. Herr Tüchtig hatte vor einigen Jahren mit großem Aufwand dieses alte Backsteingebäude saniert."

„Du hast Recht, es ist wirklich sehr hübsch geworden."

„So müssen die Produkte für die Assistenzfunktion im Unternehmen 76.000 € im Jahr erwirtschaften.

Für den innerbetrieblichen Transport benötigen wir gemäß dieser Aufstellung 300.800 € im Jahr. Darin sind auch die Kosten für die Gabelstapler in der Rubrik Arbeitsplatzausstattung enthalten. Dieser Betrag fällt auch an, wenn aufgrund eines Streikes, der bei uns zum Glück noch nie vorkam, nicht produziert werden kann."

„Oder wenn die Auftragslage schlecht ist und ihr die Produktion herunterfahren müsst." Tamara überlegte kurz und ergänzte: „Die Lohnkosten könnten wir ein wenig schmälern, indem wir das Gleitzeitkonto abbauen, aber die Sachanlagen kosten dennoch Geld."

„Und dass zwei Auszubildenden nahezu 50.000 € im Jahr kosten, hätte ich mir auch nicht gedacht", ergänze Ramon. „Wir hatten immer wieder Schwierigkeiten, gute Leute für die Produktion zu finden. Herr Tüchtig hat entschieden, zwei Ausbildungsplätze einzurichten, um so für die Zukunft qualifizierten Nachwuchs sicherzustellen."

Tamara zoomte die Datei so, dass die Lohn- und Nebenkosten aller indirekten Mitarbeiter ersichtlich wurden. „Hier findest du nun alle Kosten aufgelistet, die die indirekten Mitarbeiter verursachen. Für die Azubis, den innerbetrieblichen Transport und für meine Stelle hatten wir es eben ausführlich erläutert. Die Zahlen differierten ja aufgrund des unterschiedlichen Grundgehaltes und wegen den Aufwendungen für die Arbeitsplatzausstattung. Für alle anderen Personen verfahren wir nach derselben Logik und hier siehst du das Ergebnis."

Lohn- und Nebenkosten indirekte Mitarbeiter

Eigentümer (Geschäftsführung, Vertrieb)	1	150.000
Prokurist (Buchhaltung, Personalwesen)	1	106.000
Entwicklung, Konstruktion	1	96.000
Assistent	1	76.000

produktionsnah:

Fertigungs-Leiter	1	97.500
AV, IE, Meister	3	268.500
Instandhaltung, Wartung, Vorarbeiter	2	168.000
Wareneingang, Versand	3	249.600
Innerbetrieblicher Transport	4	300.800
Qualitätssicherung	2	140.000
Azubi	2	48.240
Jährliche Rente für den Vorbesitzer		120.000

indirekte Mitarbeiter gesamt	21	1.820.640

Ramon schaute sich die Zahlen genau an. „Tamara, wer, außer dem innerbetrieblichen Transport mit seinen Gabelstaplern, hat denn noch hohe Aufwendungen für die Arbeitsplatzausstattung?"

Tamara tippte und klickte mit flinken Fingern. „Ramon, ich habe hier einen Auszug aus der großen Tabelle, die dir genau diese Kostenarten auflistet."

	AK	Kosten je AK/a	
		Arbeitsplatz-ausstattung	Gebäude-kosten anteilig
Eigentümer (Geschäftsführung, Vertrieb)	1	6.000	4.000
Prokurist (Buchhaltung, Personalwesen)	1	5.000	3.000
Entwicklung, Konstruktion	1	9.000	3.000
Assistent	1	4.000	2.000
produktionsnah:			
Fertigungs-Leiter	1	4.000	2.500
AV, IE, Meister	3	3.500	2.000
Instandhaltung, Wartung, Vorarbeiter	2	10.000	4.000
Wareneingang, Versand	3	20.000	10.000
Innerbetrieblicher Transport	4	20.000	2.000
Qualitätssicherung	2	10.000	4.000
Azubi	2	5.000	4.000
jährlicher Betrag		228.500	82.500

„Hier findest du wieder unsere besprochenen Beispiele Assistenz, innerbetrieblicher Transport und Azubi. Aber auch die anderen. Je nachdem, wie wir es darstellen wollen, sind die Kostenverursacher in den Spalten oder wie hier in den Zeilen aufgelistet. Die zwei Kostenarten Arbeitsplatzausstattung und Gebäudekosten anteilig sind jetzt in den Spalten dargestellt.

Den höchsten Betrag für den Arbeitsplatz haben die Kollegen aus der Logistik. Einmal für die bereits erwähnten Gabelstapler, Hebezeuge und für den Aufzug. Die zwei Vorarbeiter sollen unter anderem auch Instandhaltungen und Wartungen durchführen. Bei ihnen haben wir daher die Werkstattkosten aufgenommen. Unser Entwickler und Konstrukteur, Daniel Klug hat eine moderne CAD-Anlage und ebenfalls einen Arbeitsplatz in der Werkstatt. Diese Aufwendungen schlagen mit 9.000 € zu Buche. Die Kosten für das Besprechungszimmer, in dem wir gerade sitzen, mit seiner Video-Konferenzanlage und dem schönen Mobiliar sind beim Chef aufgeführt.

Den höchsten Gebäudekostenanteil hat der Wareneingang, Versand aufgrund des großen Flächenbedarfs für die Lagerung von Produktionsmaterial und Fertigprodukten."

„Als ich heute früh den Betriebsrundgang mit dem Meister, mit Herrn Kran gemacht habe, sind mir hinter der Halle 2 die zwei Silos aufgefallen. Gehören die auch zu der Kategorie Lagerung von Produktionsmaterial?" Tamara freute sich, dass sie in Ramon einen aufmerksamen Zuhörer hatte. „Ja Ramon, das ist richtig. In den Silos wird das angelieferte Granulat aufbewahrt. Es ist sogar eine gesonderte Trocknung integriert. Von hier aus geht es über Röhren direkt zu den Kunststoffspritzgießmaschinen."

„Diese 82.500 € im Jahr für das Gebäude scheinen mir recht hoch." Stellte Ramon skeptisch fest. Tamara wusste aber eine Antwort hierauf. „Das Backsteingebäude wurde vor fünf Jahren aufwändig saniert. Die Kantine, die Waschräume wurden komplett renoviert, das Dach wurde neu eingedeckt und die Installationen für Strom, Wasser und Heizung wurden erneuert. Es werden mehr als fünf Jahre vergehen, bis diese Kosten durch diesen Rücklagebetrag gedeckt sind."

Ramon fasste aus seiner Sicht zusammen. „Für die Werker in der Produktion fallen mehr als 1 Mio. € im Jahr an. Weitere 1,8 Mio. € für die indirekten Mitarbeiter. Und da sind die Maschinen und das Rohmaterial für die Produktion noch gar nicht berücksichtigt."

Ramon wurde sehr ernst. „Dieser Herr Tüchtig hat eine ungeheure Verantwortung für diese 62 Arbeitsplätze.

Tamara konnte ihm nur beipflichten. „Ja, wir kommen immer wieder zu dieser Erkenntnis. Derweil haben wir noch gar nicht alle Ausgabenblöcke erfasst, wie du ganz richtig bemerkt hast. Die Kosten für Maschinen und die Hallen, die an das Backsteingebäude angedockt sind müssen wir noch erfassen. Aber wir sind mit den umzulegenden Gemeinkosten leider immer noch nicht durch."

Parkplätze		20.000 €
Kantine		5.000 €
Reinigungskosten		30.000 €
direkte MA die nicht produzieren		
Montage	6	266.400 €
KS Spritzerei	3	168.720 €
Nebenkosten der MA die produzieren		
Montage	20	288.000 €
KS Spritzerei	12	218.880 €
weitere indirekte Kosten		997.000 €

„Du hast es beim Betriebsrundgang sicher auch gesehen, wir haben hinten im Hof 26 asphaltierte Parkplätze für unsere Mitarbeiter. Das Grundstück, der Belag und die Abwasserführung kostet uns diese 20.000 € im Jahr. Für die Kantine legen wir für Wartung und Reparatur 5.000 € im Jahr zurück. Die Reinigung für dieses Gebäude und auch diese bemannte Kehrmaschinen in Hallen und Hof haben wir fremdvergeben. Dafür geben wir 30.000 € jährlich aus.

Der weitaus größere Betrag entsteht durch die durchschnittlich 9 Mitarbeiter, die sich im Urlaub befinden, krank, auf Weiterbildung oder im Mutterschutz sind. Ja und endlich die letzten zwei Positionen erfassen die Restgemeinkosten für unsere 32 produktiven Mitarbeiter."

„Waren das nochmal Lohnfortzahlung im Krankheitsfall, Urlaubsgeld, Beitrag zur Renten- und Krankenversicherung?" Tamara nickte. „Ja, das ist korrekt."

„Jetzt haben wir alle Kosten erfasst, um jenen Gemeinkostensatz, zu ermitteln mit dem wir bei der Produktkalkulation die direkten Lohnkosten beaufschlagen.

Als indirekte Kosten haben wir:

indirekten MA:	1,820 Mio. €
weitere indirekte Kosten:	0,997 Mio. €

die direkte Lohnsumme ist: 1,056 Mio. €

$$(1{,}82 + 0{,}997)/1{,}056 = 2{,}668$$

Daraus ergibt sich ein GK-Satz von 267 %."

„Au Mann, das ist ein hartes Brot."

„Ramon, da hast du Recht. Aber wir haben nun einen wichtigen Grundstein für unsere weitere Vorgehensweise gelegt. Wir wissen, wer bei uns im Betrieb arbeitet und welche Kosten er verursacht. Unser schönes Backsteingebäude mit seinen Büros, Besprechungszimmern, Sozialräumen, dem Lager und der Werkstatt ist umgelegt. Parkplätze und Gebäudereinigung sind gleichermaßen erfasst.

Bevor wir in die Produktkalkulation einsteigen, machen wir noch einen kleinen Ausflug in die Maschinenkosten."

Maschinenkosten

„Nun, Ramon, wollen wir die Kosten für unsere neu beschaffte Kunststoffspritzgießmaschinen K4000XL ansehen. Sie hat eine Schließkraft von 4000 kN oder 400 t. Diese alte Tonnenbezeichnung ist immer noch sehr geläufig. Als erstes unterstellen wir, sie sei fabrikneu gekauft worden. Tatsächlich haben wir sie gebraucht beschafft. Das hat die Anschaffungskosten reduziert und vor allem die Beschaffungszeit. Das Kalkulationsschema ist aber stets dasselbe. Allerdings müssen neben den Investitionskosten, die Abschreibungsdauer und Instandhaltungskosten angepasst werden.

Die K4000XL soll dreischichtig, also den ganzen Tag, eingesetzt werden, abgekürzt liest sich das in der Tabelle so: 3s/d.

Für Anlagen dieser Art gehen wir von einer betrieblichen Nutzungsdauer von 9 Jahren aus.“

„Warum nicht 5 oder gar 12 Jahre?“

„Wenn wir die Nutzungsdauer zu kurz ansetzen, erhöht sich der Stunden- oder Minutensatz der Maschine und verteuert das Produkt unnötigerweise. Nie vergessen: wir stehen in einem harten Wettbewerb. Verlängern wir die kalkulative Nutzungsdauer, gehen die Aufwendungen für Wartung und Instandhaltung nach oben. Auch das Risiko störungsbedingter Ausfallzeiten nimmt zu. Diese 9 Jahre stellen also ein empirisch ermitteltes Optimum zwischen Kosten und Verfügbarkeit für den Dreischichtbetrieb dieser Maschinenart dar.“

„Was geschieht mit den Maschinen nach dieser Zeit?“

„Ramon, das ist eine gute Frage. Unsere alte Klöckner ist ein gutes Beispiel hierfür. Sie ist buchhalterisch längst abgeschrieben. Die höheren Kosten für die Instandhaltung haben uns daher nicht wehgetan. Sie hat aber eine komplizierte Steuerung und hatte aufgrund der Störungen nicht mehr die erforderliche Stückzahl gebracht. Wie haben sie inzwischen zu unserer verlängerten Werkbank nach Wöckingen geschafft, wo sie nur noch 10 Stunden am Tag eingesetzt werden muss."

„Das ist sicher nicht einfach, immer die richtige Entscheidung zu treffen, bei diesen vielen Alternativen."

„Umso wichtiger ist es, alle Fakten zu sammeln und die Möglichkeiten zu kennen. Theo Tüchtigs Motto lautet hierzu:

Durch Transparenz zur Effizienz!"

Ramon machte sich eine Notiz. „Das ist ein guter Leitsatz für den angehenden Controller."

„Gut, dann fahren wir fort mit unserer MMS-Ermittlung."

„MMS steht für Maschinenminutensatz?"

„Si Señor!"

Ermittlung des MMS – fixe Kosten

1	350.000	€	Invest
2	35.000	€	Peripherie, Aufstellen
3	250	d/a	Produktionstage
4	3	s/d	Schichten
5	8	h/s	Arbeitszeit der Schicht
6	60	min/h	
7	85	%	Auslastung
8	1440	min/d	Fertigungsminuten
9	1224	min/d	effektive Fertigungsminute
10	9	a	Nutzungsdauer
11	42.778	€	Abschreibung/a
12	4	%	Zinssatz
13	7700	€	Jahreszins (Linear)
14	3	%	Jährliche Instandhaltung
15	11.550	€	Jährliche Instandhaltung
16	8	€	Flächenkosten/m² u. Monat
17	40	m²	Aufstellungsfläche der Maschine
18	320	€	Flächenkosten/Monat
19	3840	€	Flächenkosten/Jahr
20	65.868	€	fixe Kosten/Jahr
21	0,2153	€	fixe Kosten/Minute

Tamara öffnete die Datei zur Ermittlung des Maschinenminutensatzes und die beiden blickten konzentriert auf den Plasmabildschirm.

„Tamara, da benötige ich fast ein Opernglas."

„Keine Sorge, das ist nicht so kompliziert, wir gehen Zeile für Zeile durch:

Zeilen 1 – 7 sind Eingabefelder. Wie du siehst, würde die K4000XL einschließlich Anlieferung und Aufstellen 385.000 € neu kosten. In Zeile 3 wird angegeben, an wie vielen Tagen im Jahr die Maschine betrieben werden soll. Nach Abzug von Sonntagen und Samstagen, sowie Feiertagen, verbleiben 250 Produktionstage. Wir gehen davon aus, dass TT keine Betriebsferien macht. In Zeile 4 wird das Schichtmodell eingegeben. In Zeile 6, eigentlich eine Banalität, sage ich dem Rechner, dass die Stunde 60 Minuten hat. Die Kennzahl in Zeile 7 ist sehr wichtig. 24 Stunden, mal 60 Minuten ergeben 1440 Minuten am Tag. Unsere Maschine sollte rund um die Uhr laufen, aber tatsächlich hat sie doch einmal eine Unterbrechung, sei es aufgrund einer Störung, oder weil die Auftragslage eine Auslastung zu 100 % nicht möglich macht. Um diesem Sachverhalt Rechnung zu tragen, geben wir einen Auslastungsgrad, hier 85 %, an. Wir unterstellen, dass die Maschine daher nur an

$$1440 \times 0,85 = 1224$$

Minuten am Tag produziert. Dieses Rechenergebnis wird in Zeile 9 angezeigt."

„Und wenn die Anlage an 1400 Minuten am Tag fertigt, hat TT extra Erträge erzielt?"

„Ja, das ist richtig, wir müssen aber leider auch vom umgekehrten Fall ausgehen. Diese 85 % sind ein guter Erfahrungswert. Es liegt an Herrn Stetig und seinen Meistern, die Anlagenauslastung möglichst hoch zu halten."

„Und wenn die Aufträge für diese Maschine wegbrechen?"

„Für die K4000XL haben wir einen Dreijahresauftrag, der sie komplett auslastet. Vielleicht werden wir sogar mal an einem Samstag arbeiten müssen. Aber prinzipiell gehört jede Investition zum unternehmerischen Risiko. Bei Minderauslastung bleibt man immer auf den fixen Kosten sitzen.

In Zeile 10 wird die Nutzungsdauer eingegeben. Die Zeile darunter, zeigt dann die Abschreibungskosten, hier 42.778 € pro Jahr an.

In Zeile 12 tragen wir den Zinssatz für die lineare Verzinsung ein. Ähnlich, wie im Steuerrecht, bei dem Steuerschulden wie auch Guthaben mit 0,5 % im Monat gleich 6 % im Jahr ohne Zinseszinsaufschlag ermittelt werden. Der lineare Zinssatz ist tendenziell höher als der reale Zinssatz, um die tatsächliche Zinskosten abzudecken. Über viele Jahre ist in der gesamten Branche mit 7,5 % Zins gerechnet worden. Die täglichen Schwankungen konnten unmöglich in der Kalkulation nachgezogen werden. Aufgrund der Niedrigzinsphase, haben wir nur noch 4 % eingegeben.

In Zeile 13 wird uns der jährliche Zins von 7.700 € angegeben. Dieses Geld dient dazu, das eingesetzte Kapital von Herrn Tüchtig zu verzinsen, oder bei Fremdfinanzierung, den Kapitalgebern ihre Zinsforderungen zu erfüllen. Ich muss auch damit rechnen, dass der Wiederbeschaffungspreis der Maschine aufgrund der Inflation ein höherer sein wird.

Für die Zeile 14 ist wieder Expertenwissen nötig. Durch diese Eingabe wird ein Wert für die jährliche Instandhaltung ermittelt. Durchschnittlich 3 % der Anschaffungskosten unserer Maschinen geben wir für deren Instandhaltung und Wartung aus. Das ergibt hier in der Zeile 15 dann 11.550 € im Jahr."

Ramon tippte in seinen Taschenrechner. „Das wären am Ende der geplanten Nutzungsdauer fast 104.000 €, die hierfür ausgegeben worden wären." Tamara dachte nach. „Ja, das hast du richtig errechnet. Das ist wie beim Auto auch. Mit der Anschaffung alleine ist es nicht getan. Da kommen noch viele weitere Kosten.

Jetzt haben wir errechnet, was uns die Maschine im Jahr kostet. Wir benötigen aber auch eine Fabrikhalle, in der sie betrieben werden kann. Die Kosten hierfür werden mit 8 €/m² und Monat in Zeile 16 eingegeben."

„Tamara, wo hast du diese 8 € her?"

„Ramon, das ist eine weitere Unterkalkulation. Die zeige ich dir im Anschluss. In Zeile 17 trage ich die benötigte Fläche zum Betrieb der Anlage ein. Bei 40 benötigten m² ergeben sich daher 320 €/Monat bzw. 3840 €/a an Flächenkosten.

In der Zeile 20 siehst du das Ergebnis: 65.868 €/a haben wir an fixe Kosten für diese Maschine. Das ist die Summe aus Abschreibung, Verzinsung, Instandhaltung und Flächenkosten. Pro Fertigungsminute sind das 0,2153 €."

„Und das sind nur die Kosten für eine Maschine in der Halle 2. Da kommt ganz schön was zusammen. Da können wir nur hoffen, dass die Maschine immer läuft! Und was ist mit Strom und Wasser?"

„Diese Kosten sind variable Kosten, die ergänzen wir nun."

Ermittlung des MMS - variable Kosten

1	75	kW	Anschlussleistung
2	60	%	Dauerleistung
3	45	kW	tatsächlicher elektrischer Verbrauch/h
4	0,12	€	Strompreis/KWh
5	5,4	€	Stromkosten/h
6			
7	4	m³	Wasserverbrauch/h
8	0,4	€	Wasserkosten/m³
9	1,6	€	Wasserkosten/h
10			
11	7	€	variable Kosten/h
12	0,1167	€	variable Kosten/Minute
13			
14	0,3319		MMS gesamt

Um die variablen Kosten ermitteln zu können, benötigen wir einige technische Kennzahlen der Maschine. Da sind mir Herr Klug oder Herr Stetig immer gerne behilflich. Die K4000XL hat eine maximale Stromaufnahme von 75 kW. Durchschnittlich benötigt sie 45 kW. TT muss dem Energieversorger 12 Cent für die kWh bezahlen. Das ergibt 5,4 € pro Stunde, wie du in der Zeile 5 ersehen kannst. Für die Kühlung der Werkzeuge, das ist eine sehr wichtige Phase im Zyklus des Kunststoffspritzgießens, fallen 1,6 € pro Stunde an. Zusammen betragen die variablen Kosten 7 €/h. In der Zeile 12 ist dieses Ergebnis auf die Minute bezogen. Addiert mit dem MMS der fixen Kosten ergibt sich für den MMS gesamt 0,3319 €."

„Das habe ich verstanden. Erläuterst du mir noch, wie die Flächenkosten ermittelt werden?"

„Hey, du hast aber eine Ausdauer! Also dann nur nächsten Tabelle."

Ermittlung der Flächenkosten

1	180.280 €	Anschaffungskosten Gebäude		
2	30 a	Kalkulatorische Abschreibungsdauer		
3	5 %	Kalkulatorische Verzinsung		
4		Abschreibung	500,78	€/Monat
5		Zinsen	375,58	€/Monat
6				
7		Instandhaltungskosten		
8	20.000 €	Dachsanierung alle 10 Jahre	166,67	€/Monat
9	5.000 €	Fenstersanierung alle 10 Jahre	41,67	€/Monat
10	6.000 €	Sonstiges jährlich	500,00	€/Monat
11	500 €	Versicherungen jährlich	41,67	€/Monat
12	100 €	Steuern jährlich	8,33	€/Monat
13		Summe	1.634,69	€/Monat
14	360 m²	Gesamtfläche		
15	200 m²	Produktionsfläche		
16				
		Flächenkosten pro m² Produktionsfläche	8,17	€/Monat

„Die Hallen 1 und 2 sind in derselben Ausbaustufe entstanden. Das Grundstück war bereits in TT-Besitz. Für jede der Halle wurden die 180.280 € aufgewendet. Auch hier ermitteln wir einen jährlichen Abschreibungsbetrag, ähnlich wie bei der MMS-Ermittlung. Wir gehen von einer Nutzungsdauer von 30 Jahren für die Gebäude aus. Für die Kreditgeber müssen wir 5 % Zinsen bezahlen. In Zeile 4 siehst du den monatlichen Betrag für das Gebäude und in Zeile 5 die monatliche Zinsbelastung."

„Das hätte ich nicht für möglich gehalten, dass dies so viel ausmacht. Nun verstehe ich auch, warum die Bundesbank den Leitzins so niedrig hält, um Investitionen im Land anzukurbeln. Aber wer einmal den Kredit zu alten Konditionen abgeschlossen hatte, ist nun der Benachteiligte."

„Ja, Ramon, das ist schade! Ich glaube aber, Frau Bleibtreu hat bei der Mittelstandsbank etwas bewirken können. Wie es auch sei, mit diesen Prämissen habe ich zu rechnen. Für Instandhaltungsmaßnahmen wie Dach und Fenster haben wir eine monatliche Rate gebildet. Das siehst du in den Zeilen 8 und 9. Darüber hinaus haben wir weitere 500 € monatlich eingestellt. Wir haben mit den neuen Hallen noch keine Erfahrung gesammelt. Unlängst mussten wir aber ein Rolltor erneuern, weil ein Spediteur darauf gefahren war. Wenn wir Glück haben, bekommen wir dieses Geld von seiner Versicherung wieder. Hier im Industriegebiet sind wir steuerlich begünstigt, dafür müssen wir für die Feuer- und Elementarversicherung einen höheren Betrag zurücklegen. In der Zeile 13 siehst du das Ergebnis: 1.635 € kostet eine Halle monatlich. Von den 360 m² Fläche sind nach Abzug für Wege, Meisterhäuschen, Toiletten noch 200 m² für die Aufstellung von Produktionsmaschinen verfügbar. So ergibt sich ein Monatsbetrag für den Quadratmeter von 8,17 €."

Ramon musste mal wieder tief durchatmen. „Tamara, wie du mit diesen Zahlen umgehen kannst und für alles eine Antwort hast! Wenn ich aber vorher richtig aufgepasst habe, habt ihr bei der MMS-Berechnung lediglich 8,00 €/m² statt dieser exakt 8,17 €/m² zugrunde gelegt." Tamara war ehrlich. „Ja, hier habe ich einen Fehler von 2 %, das sind 34 € bei den Hallenkosten, die mir im Monat fehlen. Ich hatte die MMS-Ermittlung gemacht, als mir die Flächenkostenanalyse für die Halle 2 noch nicht vorlag. Ich vertraue nun darauf, dass ich die Kosten in Zeile 10 nicht in der Höhe brauche. Ich habe mit Frau Bleibtreu darüber geredet. Die Differenz liegt ihrer Meinung nach im Rahmen der nie ganz zu vermeidenden Kalkulationsunsicherheit. Sie hätte da kein Problem damit."

„Auf der anderen Seite, hättest du nur einen Wert aus irgendeinem statistischen Index verwendet, wärst du nicht genauer gewesen. Mit deiner Ermittlung der Flächenkosten weißt du auch, auf was du achten musst und was deine Stellhebel sind. Jetzt verstehe ich auch, was du Eingangs gesagt hattest. Dies sei ein Kalkulationsmodell und es könne nur so gut sein, wie exakt die Kennzahlen und Prämissen definiert werden könnten."

„Ramon, du hast es richtig erkannt. Die Aktualisierung der Kalkulation mit all den Zusammenhängen zu anderen Kostenermittlungen ist ein nie endendes Geschäft. Die Produktion, deren betriebswirtschaftlichen Parameter wir schließlich abbilden wollen, ist ja auch nichts statisches, sondern ständigen Veränderungen unterzogen. So habe ich die Kosten unserer verlängerten Werkbank in Wöckingen bislang noch nicht erfasst. Wir gehen davon aus, dass die Produktion dort mindestens so wirtschaftlich ist, wie hier am Stammwerk. Wir haben zwar längere Wege und eine geringere Auslastung, dafür aber abgeschriebene Maschinen und günstigere Arbeitskräfte.

Jetzt sind wir schon weit gekommen. Als nächstes können wir tatsächlich in eine Teilekalkulation einsteigen."

Lagepläne

„Nun, Ramon, hast du die bisherigen Ausführungen zu unserem Kalkulationsschema gut verdaut?"

„Ich habe mir die Masterdatei nochmals angesehen und mit meinen Notizen abgeglichen. Ja, ich habe das System begriffen. Es hat mir dabei geholfen, die Originaltabelle mit den hinterlegten Formeln anzusehen.

Tamara, ich habe noch eine Bitte: Können wir uns die Lagepläne ansehen, bevor wir in die Teilekalkulation einsteigen? Ich bin zwar schon mehrmals durch den Betrieb gegangen, aber dann würde es mir klarer werden, wo was geschieht."

„Ramon, das ist eine gute Idee. Dann kann ich die verschiedenen Fertigungsschritte bei TT erläutern und letztlich auf die Maschine eingehen, auf der der CM17 gefertigt werden soll. Ich muss aber mal wieder einräumen, dass die Pläne nicht alle Aktualisierungen beinhalten. Im Plan der Halle 2 ist noch die alte Klöckner eingezeichnet und noch nicht die neu K4000XL."

„Ich glaube, das tut meinem Verständnis keinen Abbruch. Eine raus, die andere dafür rein, so wird es wohl sein. Tamara, keine Sorge, das habe ich in den ersten Tagen bei euch gelernt: Es ist eine buchstäbliche Sisyphusarbeit, wirklich alles aktuell zu haben. Aber, wenn ich als außenstehender Neuling das sagen darf: Ich habe bei deinen bisherigen Ausführungen und mit eurem Kalkulationsschema so viel gelernt. Ich habe endlich verstanden, wie die einzelnen Funktionen eines Betriebes zusammenhängen und wie sie sich kostenmäßig auswirken."

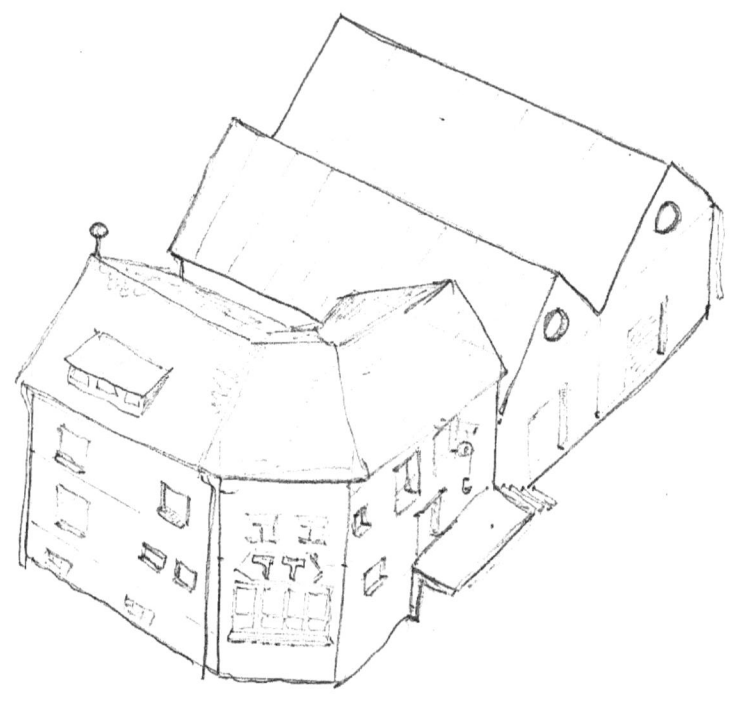

„Also dann beginnen wir mit dieser Darstellung. Diese 3D-Skizze hat unser Chef persönlich entworfen. Du kannst ganz deutlich erkennen, wie die zwei neuen Produktionshallen an das bestehende alte Backsteingebäude angedockt wurden."

„Herr Tüchtig muss ein Ingenieur der alten Schule sein, in der noch technisches Zeichnen und Skizzieren praktiziert wurde. Die große Fensterfront an der abgeschrägten Seite muss zur Kantine gehören."

„Ja, richtig, und rechts daneben an der Rampe befinden sich die Warenannahme und der Versand mit den angrenzenden Lagerflächen. Das Besprechungszimmer, in dem wir uns gerade befinden, kannst du in dieser Darstellung nur erahnen. Wenn wir hier zum Fenster hinausschauen, blicken wir über den kleinen Innenhof und über die Sheddächer. Mit dem folgenden Plan wird es deutlicher."

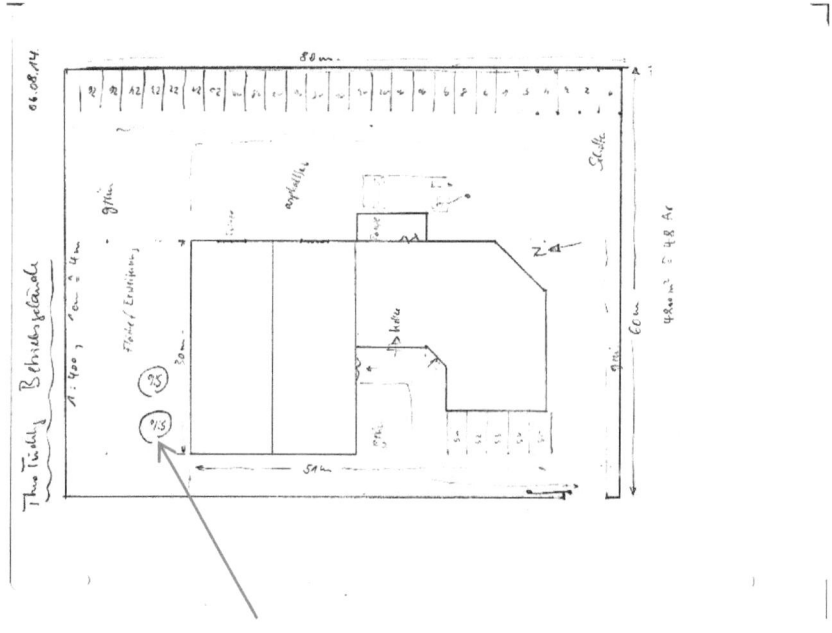

„Hier kann ich auch die Parkplätze erkennen und links neben der Halle 2 befinden sich die Silos für das Kunststoff-Granulat."

„Das sind die Pläne für das EG und das OG im alten Gebäude:"

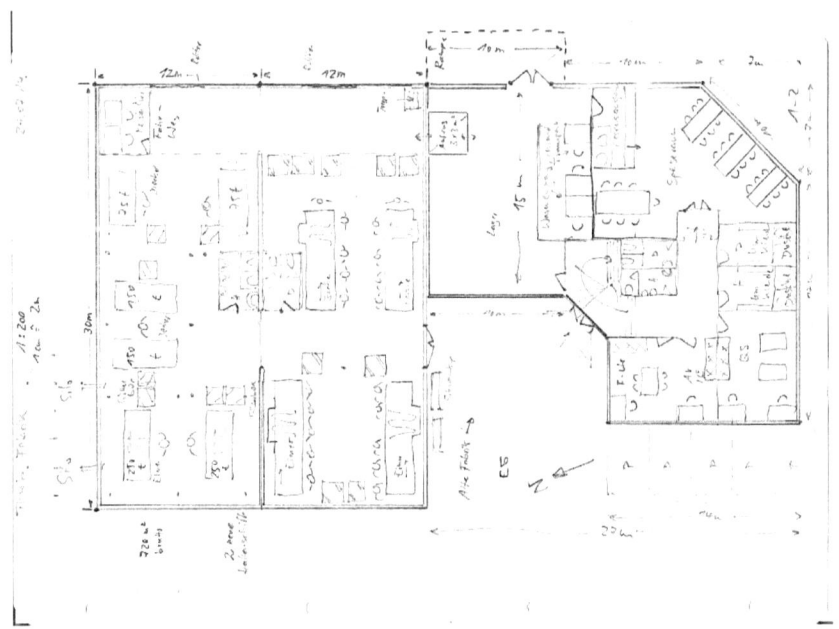

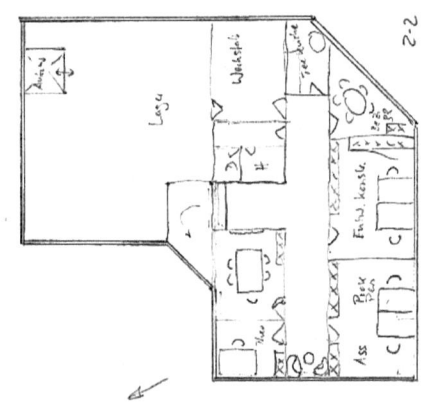

„Dann beginnen wir im OG dieses Gebäudes. Da wo der Nord-pfeil eingezeichnet ist, befindet sich das kleine Büro von Herrn Tüchtig. Daran grenzt das schöne Besprechungszimmer an, in dem wir uns gerade befinden. Gegenüber, das kennst du ja auch bereits, sind die Prokuristin, Frau Bleibtreu und ich unterge-bracht. Da befindet sich auch dein kleiner Katzentisch, der im Plan nicht aufgeführt ist. Unser Konstruktions- und Entwick-lungsleiter, Daniel Klug, hat sein Büro neben dem unseren. Bei ihm wäre prinzipiell noch ein weiterer Arbeitsplatz möglich. An der abgeflachten Frontseite, über der Kantine ist das kleine Be-sprechungszimmer, welches auch unserer Betriebsrätin zur Ver-fügung steht. Dann kommt die kleine Tee-Küche und Richtung Norden schließen sich dann die Werkstatt und ein Lagerraum an. Mit einem großen Aufzug sind UG, EG, dieses OG und das 1. OG anfahrbar. Dann erkennst du noch Toiletten und das ehr-würdige Treppenhaus."

„Oh ja, das Treppenhaus mit seinen alten Eichenstufen ist schon eine Augenweide. Ich finde auch den großen Gang habt ihr sehr stilvoll mit Schaukästen samt Exponaten gestaltet. Es gefällt mir sehr bei euch!" Ramon schaute dabei zu Tamara.

Diese musste ob seinem glänzenden Blick lachen. „Hauptsache, dir gefallen die Exponate! Aber nun zum EG:

Unter dem Zimmer des Chefs und auch unter uns, befindet sich das Büro des Fertigungsleiters. Herr Stetig hat immer alles im Blick, was rein und raus geht und kurze Wege zur Produktion und zum Lagerbereich. Unter dem Büro von Frau Bleibtreu und mir ist die Qualitätssicherung mit Melanie Test und Johann Prüf untergebracht."

„Deren Büro ist aber größer als die anderen. Ich glaube, Herr Kran war mit mir auch da drin, ich kann mich aber nicht mehr recht erinnern."

„Ramon, das sind natürlich viele Eindrücke, die es die ersten Tage zu verarbeiten gilt. Die QS-Leute haben noch ein einige Prüfstände, um z.B. Messungen an den produzierten Teilen durchzuführen. Wichtig ist die Maßhaltigkeit und bei den bedruckten Artikeln zusätzlich die Güte des Tampon-Druckes. Wir können bei Gelegenheit gerne nochmals vorbeischauen. Frau Testa oder Herr Prüf werden dir gerne ausführlich erläutern, was sie dort tun."

„Das ist eine gute Idee. Wenn ich auf meinen Einarbeitungsplan sehe, stelle ich fest, dass die QS auch als eine der absolvierenden Stationen angegeben ist. Also habt ihr an alles gedacht – Kompliment!

Die restlichen Räume im EG kenne ich gut. Die Kantine ist wirklich schnuckelig und die Rosa kocht so gut. Ihr Kartoffelsalat mit Maultaschen sind der Hit. Fast so gut wie die Paella zu Hause.

Dann habt ihr für die Belegschaft sehr ansprechende Sanitärräume eingerichtet. Bei diesem sauberen Duschraum überlege ich mir, ob ich nicht mal mit dem Fahrrad hier her fahre. Körperpflege und umziehen nach der Schwitzaktion ist da ja kein Problem."

„Ramon, wir wollen demnächst noch einen Bike-Port im Hof errichten. Dann muss dein Drahtesel nicht im Freien stehen.

Aber nun zu den Hallenplänen. In der Halle 1 ist die Montage und die Bedruckung untergebracht. An zwei Linien werden die Becher der Happy Kids Serien gereinigt, montiert und bedruckt und an zwei weiteren Linien werden Eimer bedruckt. Dort arbeiten 20 Leute in der Normalschicht.

In Halle 2 werden Kunststoffartikel hergestellt. Dort sind sechs Kunststoffspritzgießmaschinen aufgestellt. Wir haben bislang zwei 75 t, zwei 150 t und zwei 250 t Maschinen. Eine 250 t Maschine, die sogenannte alte Klöckner ist nach Wöckingen ausgelagert worden und an deren Stelle ist die K4000XL vorgesehen." In der Regel werden zwei Schichten am Tage je acht Stunden gearbeitet. Mit Anlauf des CM17 werden wir an zwei Maschinen noch eine Nachtschicht einführen.

An der Ostseite der Hallen haben wir einen breiten Fahrweg für den innerbetrieblichen Transport eingerichtet. So können unsere Waren bis zum Versand zum Kunden immer im Trockenen bleiben. Ein kleiner Nachteil ist, dass wir von den Produktionshallen zum alten Gebäude und dessen Lager einen kleinen Höhenunterschied haben, der stets durch den Aufzug überwunden werden muss. Aber das war der Kompromiss, den Herr Tüchtig eingehen musste, als er mit dem Anbau der Hallen die Produktion aus dem alten Gebäude auslagern konnte."

„Tamara, vielen Dank für den Ausflug in die Infrastruktur von TT. Diese Pläne haben mir das gut veranschaulicht."

Teilekalkulation

„Die erste Kalkulation für ein Produkt ist bei uns die Angebotskalkulation. Wenn das Teil dann in Serie gefertigt wird, führen wir in einer weiteren Serienkalkulation einen Abgleich durch, ob die Annahmen, die wir bei der Angebotskalkulation zu Grunde gelegt hatten auch tatsächlich eingetreten sind. Sollten sich im Laufe der weiteren Serienfertigung in der Produktion Wesentliches verändern, müssen wir die Kalkulation aufs Neue aktualisieren. Solche Veränderungen können z.b. Veränderungen in den Materialpreisen für das zugekaufte Material sein, oder Lohnerhöhungen, Änderungen in der Gemeinkostenstruktur des Unternehmens oder Änderungen im Fertigungsprozess. Am Beispiel des CM17 möchte ich dir die einzelnen Schritte zum Angebotspreis erläutern.

Als erstes sammeln wir alle Informationen, die uns der Kunde über das neue Produkt nennen kann. Das sind natürlich Geometriedaten wie Länge, Breite, Höhe, Kontur im dreidimensionalen Raum, Wandstärke und Gewicht. Dann benötigen wir die spezifischen Anforderungen an das Teil. Diese sind häufig in einer sogenannten Spezifikation oder auch Lastenheft beschrieben. Wie lange muss das Teil halten, ist es besonderen mechanischen Beanspruchungen ausgesetzt, muss es eine besondere Funktion erfüllen, ein besonderes Design haben, welchen Umwelteinflüssen soll es trotzen und noch vieles andere mehr. Herr Klug und Herr Stetig sind hier neben unserem Chef die wichtigsten Experten, um diese Fragen mit dem Kunden zu klären.

Für die Fertigung und für mich als Kalkulator ist natürlich auch wichtig, in welcher Stückzahl das Produkt hergestellt werden soll.

Der CM17 soll laut Kunde eine Jahresstückzahl von 500.000 Stück haben. Drei Jahre sind als Produktionszeit geplant. Das heißt, wir haben eine Life-Cycle-Stückzahl von 1,5 Mio. Stück.

Daniel, Herr Klug, hat mit Herrn Stetig die Zykluszeit für dieses Teil ermittelt. Auf der K4000XL mit einem kühlungsoptimierten Werkzeug gehen wir von einer Zykluszeit von 0,6 Minuten aus."

„Tamara, was verstehst du unter Zykluszeit?" Tamara überlegte eine Weile, wie sie es möglichst verständlich erklären konnte. „Ich bin auch nicht die Fertigungsexpertin, aber so viel kann ich sagen:

Grundsätzlich ist die Zykluszeit die Zeit, die benötigt wird, um ein Kunststoffteil zu fertigen. Beim Kunststoffspritzguss werden mehrere Phasen unterschieden, die schließlich den Gesamtzyklus bilden. Dazu gehören das Schließen der Form, auch Werkzeug benannt, das Einspritzen des plastifizierten Materials, das Nachdrücken um sicherzustellen, dass der Hohlraum auch komplett befüllt ist, die Kühlung, um sicher zu stellen, dass das Bauteil inzwischen erstarrt ist. Der letzte Schritt im Zyklus ist das Öffnen des Werkzeuges und die Entnahme des Kunststoffspritzgießteiles. Die Entnahme kann ganz einfach durch freien Fall in eine Gitterbox oder auf ein Laufband erfolgen. Manchmal greifen sogenannte Handlings-Geräte, kleine Roboter und zuweilen sogar die Maschinenbediener selbst hinein, um das fertige Teil zu entnehmen und definiert abzulegen. Wenn du mehr darüber wissen möchtest, muss ich dich bitten, auf Herrn Klug zuzugehen."

„Tamara, ich glaube, das zu wissen ist für einen Controller schon recht viel. So etwas habe ich während dem Studium nie gehört. Das ist wirklich gut, dass ich bei euch gelandet bin. Jetzt werde ich noch ein Fertigungsexperte, na ja wenigstens: light."

„Ja das macht unseren Beruf so interessant. Wir rechnen nicht nur, sondern wir versuchen auch die Zusammenhänge zu ergründen. So, jetzt aber weiter:

Bei Montagetätigkeiten wird dagegen von einer Taktzeit gesprochen. Das ist die Zeit, die für bestimmte Tätigkeiten oder Prozessschritte erforderlich ist, um zur nächsten Station der Bearbeitung zu gehen.

Alle 0,6 Minuten kann auf der K4000XL ein CM17 gefertigt werden. Jetzt muss ich ermitteln, wie viele Teile ich am Tag für den Kunden produzieren muss und ob die Maschinenkapazität ausreicht.

$$(500.000 \text{ St/a}) / (250 \text{ d/a}) = 2.000 \text{ St/d}$$

Wenn wir an diesen schon mal erwähnten 250 Tagen im Jahr produzieren, benötigen wir 2.000 Teile am Tag."

„Ist das für euch bereits eine hohe Stückzahl?"

„Ja, durchaus! Du wirst gleich sehen, dass wir die Stückzahl auf der K4000XL gerade dargestellt bekommen. Das heißt, dass wir sie nie auf ein anderes Produkt umrüsten müssen und wir das

56

Werkzeug lediglich zu Wartungszwecken herunternehmen müssen. Das sind optimale Bedingungen, die wir uns öfters wünschten. Ich muss aber auch ergänzen, dass Herr Klug länger mit dem Werkzeugmacher herumgetüftelt hat, um dieses Teil in dieser kurzen Zykluszeit abspritzen zu können."

Jährliche Fertigungskapazität

3	s/d
8	h/s
1440	min/d
0,85	% Maschinenverfügbarkeit
1224	min/d verfügbar
0,6	min Zyklus Eimer
2040	Teile/d
250	d/a
510000	Teile/a

„Das sind die relevanten Zahlen zu dieser Frage. Wir hatten dies bei der MMS-Ermittlung in ähnlicher Form."

„Ja ich erinnere mich: Bei drei Schichten je acht Stunden habe ich 1440 Fertigungsminuten am Tag. Bei einer Verfügbarkeit der Maschinen von 85 % werden daraus diese 1224 Min."

„Und wenn ich für ein Teil 0,6 Minuten benötige, kann ich 1224/0,6 = 2040 Teile am Tag produzieren."

„Und wenn ich diese Zahl wieder mit den 250 Produktionstagen jährlich multipliziere, erhalte ich eine Fertigungskapazität von 510.000 Teilen im Jahr." Ramon überlegte einen Augenblick. „Tamara, war das nicht so, dass der Kunde 500.000 Stück jährlich anfragte? Dann hättet ihr ja ein Punktlandung hinbekommen!"

„Ja genau! Das war auch eine wichtige Voraussetzung, um den CM17 wirtschaftlich fertigen zu können und um ein attraktives Angebot abzugeben. Ich sehe schon, Ramon, du hast die Logik begriffen!"

„Danke für das Lob!"

„Als nächstes benötige ich Gewichtsangaben. Unser Entwickler hat ein IT-Tool, um anhand der Geometriedaten das Fertiggewicht zu ermitteln. Der CM17 wird nach gegenwärtigem Konstruktionsstand 665 Gramm, ohne Henkel und Deckel, wiegen. Da das Werkzeug ein Heißkanalsystem haben wird, wird das Einsatzgewicht gleich Fertiggewicht sein."

„Was heißt Heißkanalsystem? Oder ist dies auch wieder ein Fall für Daniel Klug?"

„Im Prinzip ja. Ich weiß hierüber folgendes: Verwende ich kein Heißkanalsystem, verbleibt zwischen Schneckenausgang und Kavitäteingang eine Zone, in der Material erstarrt und als sogenannter Anguss entfernt werden muss. Bei kleinen Kunststoffartikeln, wie für die Modellbahn oder filigranes Spielzeug, bei dem aus vielen Einzelteilen ein Ganzes gefügt werden soll, wird der Anguss gerne zur Fixierung der Einzelteile in der Verpackung verwendet. Bei unserem großen CM17 wollen wir uns aber den Materialeinsatz des Angusses sparen und über das Heißkanalsystem direkt in die Kavität einspritzen. Das Werkzeug wird dadurch zwar teurer, aber in Summe ist dies eine wirtschaftliche Entscheidung."

„Schon wieder etwas Neues gelernt, vielen Dank!"

„Jetzt wieder zu unserer Kalkulation. Wir haben das Gewicht und Daniel hat mir auch das zu verwendete Material genannt. Der Eimer soll aus Polypropylen, kurz PP hergestellt werden. Dieses Material hat er mit dem Kunden so abgestimmt.

Derzeit bezahlen wir für die Tonne PP 900 €. Daraus ergeben sich Materialkosten von:

$$0,665 \text{ kg} \times 0,9 \text{ €/kg} = 0,598 \text{ €}$$

Wenn wir die Wandstärke von 2,0 auf 1,8 mm reduzieren könnten, würde das eine Einsparung von 4 Cent ergeben. Bei der Jahresstückzahl wären das immerhin 20.000 €."

„Kleinvieh macht also auch Mist!"

„Das Dumme ist nur, wenn das Werkzeug einmal erstellt ist, ist durch die Kavität die Wandstärke unveränderlich fixiert. Etwas Hoffnung auf ein Einsparpotenzial haben wir bei der Zykluszeit. Da kommen wir gleich drauf.

Den Henkel aus gebogenem Draht kaufen wir derzeit für 0,15 €
pro Stück zu."

„Das heißt, wir haben bislang Materialkosten von 0,75 €."

„Jetzt ermitteln wir die Maschinenkosten, die Lohnkosten und
die Gemeinkosten. Der MMS für die gebrauchte K400XL beträgt
0,285 €. Das ergeben bei 0,6 Minuten Zykluszeit 0,17 € Maschinenkosten. Bei einem Stundenlohn von 19 € kostet der Werker
0,317 €/Min. Bei dieser Zykluszeit entstehen direkte Lohkosten
von 0,19 €. Der Arbeiter bedient in der Zeit die Maschine, kon-
trolliert das fertige Teil, fügt den Henkel und drückt den Deckel
auf.

Zum Zeitpunkt der Angebotserstellung lag unser GK-Satz bei
280 %.

$$0,19 \times 2,8 = 0,53.$$

Wenn du die bisherigen Kosten aufaddierst erhältst du Herstellkosten, auch HK genannt von 1,64 für den Eimer mit Henkel. Der Deckel ist separat mit 0,344 € errechnet. Zu den HK für
das Gesamtprodukt kommen noch die Zuschläge.

Trotz guter Produktion und stabilen Prozessen haben wir 3 %
Ausschuss, was 6 Cent ergibt. Für Verpackung und Fracht haben
wir 5 Cent in die Kalkulation eingestellt. Das ergeben Selbstkos-
ten von 2,10 €. Zum Schluss rechnen wir noch unseren Gewinn
dazu und fertig ist die Kalkulation."

Materialkosten	0,598	€		
Drahthenkel	0,150	€		

0,6	Min Zyklus	
1	AK, bedient Maschine und setzt Henkel ein	
0,317	€/Min Lohn	und drückt Deckel auf
0,285	MMS 400t	

Maschinenkosten	0,171	€		
Lohnkosten direkt	0,190	€		
Gemeinkosten	0,532	€	2,800	% GK
Herstellkosten Eimer	1,641	€		
Herstellkosten Deckel	0,344	€		
Summe HK	1,986	€		
Ausschuss	0,060	€	3	%
Verpackung	0,025	€		
Fracht	0,025	€		
Selbstkosten	2,095	€		
Gewinn	0,159	€	8	%

Verkaufspreis	2,254	€	2,500	€ Zielpreis

„Wenn ich die Anmerkung unten rechts der Tabelle richtig interpretiere, ist der Kunde bereit, 2,50 € zu bezahlen?"

„Ja, das hast du richtig erkannt. Wenn all die Prämissen unserer Kalkulation in der Fertigung umgesetzt werden können, hätten wir Sondererträge von 120.000 € im Jahr.

Wir haben bislang aber noch nicht die dritte Schicht eingeführt. Das wird zumindest während der Anlaufphase zu Ineffizienzen führen. Die Verlagerung der alten Klöckner und der Mehraufwand für Transporte von und nach Wöckingen haben wir kostenmäßig noch nicht erfasst. Für die K4000XL müssen wir, obwohl sie gebraucht ist, immer noch einen Kaufpreis von 165.000 € bezahlen. Sie wurde aufgrund dieses Auftrages beschafft und TT hat das unternehmerische Risiko, im Anschluss der CM17 Produktionszeit von drei Jahren Folgeaufträge hierfür zu erhalten.

Wir im Führungsteam sind aber guter Dinge, dass dieser Auftrag zwar viel Arbeit für TT bedeutet, aber uns wirtschaftlich auch weiterbringt."

„Tamara, vielen Dank, für deine Geduld. Ich freue mich darauf, mit dir zusammen die notwendigen Aktualisierungen durchzuführen. Vielleicht kommen wir noch dazu, eine Sensitivitätsanalyse durchzuführen. Daraus könnten wir dann Stellhebel zur Kostenreduzierung ableiten."

Weitere Fragen

„Tamara, ich habe mir alles noch einmal angesehen. Bei den Lohn- und Nebenkosten der indirekten Mitarbeiter habe ich eine Position Rente für den Vorbesitzer entdeckt. Warum muss TT eine Rente bezahlen?"

„Bitte, bitte, Ramon, das ist wirklich eine sehr diskrete und vertrauliche Information! Der alte Tadeo Tüchtig hatte wohl sein Leben lang für die Firma gearbeitet und auch sein ganzes Geld dort investiert. Ab einem bestimmten Jahreseinkommen unterliegst du nicht mehr der Rentenversicherungspflicht und Selbständige sowieso nicht. Als der Senior den Betrieb an Theo Tüchtig übergab, wurde diese Rentenzahlung vereinbart, um ihn finanziell abzusichern."

„Tamara, ich wollte nicht unnötig neugierig wirken. Es war sicher nicht leicht, die Firma zu übergeben. Der Senior hätte ja auch alles versilbern können und dann wäre der Sohn leer ausgegangen und die Arbeitsplätze womöglich verloren gewesen.

Ich möchte auf folgenden Aspekt hinaus: In großen Unternehmen werden für die Mitarbeiter auch Rücklagen für eine spätere Betriebsrente gebildet. Dafür muss ja auch Geld zu Verfügung gestellt werden und in irgendeiner Position in der Produktkalkulation aufgenommen werden."

„Das stimmt grundsätzlich. Bei TT werden aber für alle Mitarbeiter die Beiträge in die gesetzliche Rentenversicherung abgeführt, selbst für den Chef. Diese Mittel sind in der Rubrik Arbeitgeberanteil an Versicherungen aufgenommen. Eine Betriebsrente gibt es bei TT nicht. Ich glaube, dafür sind wir nicht groß genug und haben auch nicht genügend Geld hierfür."

„Wenn der Chef laufend in die Produktionsanlagen investiert, wie mit der K4000XL und sogar noch zwei Arbeitsplätze und zwei Ausbildungsplätze schafft, ist das doch auch eine bemerkenswerte Leistung."

„Ja, einen interessanten, sicheren Arbeitsplatz, gutes Einkommen, super Betriebsklima, was willst du noch mehr?"

„Tamara, ich habe noch eine weitere Frage. Wo finde ich in der Kalkulation die Kosten für Strom und Wasser?"

„Dieser Verbrauch ist für die indirekten Mitarbeiter in der Kategorie Arbeitsplatzausstattung enthalten. Die Stromkosten dieses Personenkreises sind nicht der Kostentreiber, dass es erforderlich wäre, ihn explizit aufzunehmen. Genauso ist es mit dem Wasserverbrauch. Unserer Computer und die Software dazu sind die teuersten Positionen. Dann sicher das schöne Mobiliar hier oben."

„OK, und wie ist es damit in der Produktion?"

„Unser Chef hat hierzu mal gesagt, das ginge im weißen Rauschen unter. Er, und vor allem die Frau Bleibtreu sind durchaus Verfechter der Transparenz, aber wenn du dir nochmals ansiehst, was die Maschinen in den Hallen verbrauchen, wird es dir schnell klar."

Ramon schaute sich die Ermittlung des MMS an. „Nur die K4000XL verbraucht 45 kW in der Stunde. Da hast du völlig Recht, da spielt der Beleuchtungsstrom keine große Rolle mehr."

„TT hat mit dem Energieversorger einen Anschlusswert von 300 kW vereinbart. Sollten wir einmal darüber liegen, müssten wir Strafgebühren bezahlen. Wenn alle Anlagen in Betrieb sind, fließen nahezu tausend Ampere durch das Erdkabel auf das Firmengelände."

„Jetzt muss ich als BWL´er auch noch Energietechnik beherrschen!"

„Zum Glück sitzen um uns herum noch einige kluge Köpfe!"

Ramon schaute erneut auf seine Notizen. „Was passiert eigentlich, wenn eine Maschine repariert werden muss?"

„In der MMS-Ermittlung haben wir z.B. bei der K4000XL 11.550 € jährlich hierfür eingestellt. Wartung und kleinere Reparaturen führen unsere Vorarbeiter durch. Größere Schäden vergeben wir extern. Bislang kommen wir mit diesem Satz ganz gut hin. Die gebrauchte K4000XL ist auch so kalkuliert, dass sie nach fünf Jahren ersetzt werden soll. Eine neue Maschinen hat die besagte Standzeit von neun Jahren."

„Wieviel Kunststoff verarbeitet TT im Jahr?"

„Allein für das CM17 Projekt, mit Eimer und Deckel werden wir 420 t im Jahr benötigen. Bislang verbrauchen wir 246 t."

„Dann wird euer Granulat-Bedarf auf über 660 t ansteigen."

„Ja, das ist unsere größte Einkaufsposition."

„Heute habt ihr demzufolge einen Warenumschlag von ungefähr 1 t am Tag. Das wird ja nach Anlauf des CM17 mehr als das doppelte sein. Sind eure Logistiker dafür vorbereitet?"

„Frau Wolja und ich haben mehrere Szenarien bewertet. Ein Teil der Produktion wird nach Wöckingen ausgelagert. Es ist vorgesehen, die dort abgespritzten Eimer direkt an den Kunden auszuliefern. Aber Herr Stock mit seiner Mannschaft hier am Ort wird auf jeden Fall mehr zu tun bekommen."

„Und du ja auch. Ohne den CM17 hättest du den Job als Projektleiterin nicht an der Backe. Die Gelehrten sagen hierzu auch Job Enrichment."

„Ach du, das macht doch Spaß! Die anderen langen doch auch richtig zu. Außerdem durfte ich mit Ludmilla Wolja und dem schicken Auto vom Chef nach Wöckingen, um das optimale Logistik-Konzept zu analysieren. Der Chef dort, Karl Dampf hat uns auch noch in die Fröhliche Gans zum Essen eingeladen. Das wurde eine ausgelassene Runde, bei all der Arbeit."

„Meinst du, ich könnte auch einmal eine Geschäftsreise für TT unternehmen?"

„Vielleicht nimmt dich der Chef zum Werkzeugmacher nach Norditalien mit. Du kannst dann die Werkzeugkosten kalkulieren."

„Danke!"

Sensitivitätsanalyse

„Nun Ramon, haben wir alle kostenmäßige Zusammenhänge bei TT betrachtet. Jetzt können wir zu deinem Thema übergehen, was wäre wenn Betrachtungen durchzuführen."

„Was passiert, wenn das Granulat statt 0,90 € nun 0,95 € kosten würden?"

„Bei einem Verbrauch von 246 t, und jetzt unterstellen wir einmal, es wäre der identische Kunststoff, immer dasselbe Blend, hätte wir eine Kostenerhöhung von 12.300 €. Bei einem kalkulierten Jahresgewinn von 240.000 € noch verschmerzbar. Im CM17 Vertrag wurde eine Klausel aufgenommen, die Preisanpassungen in beide Richtungen vorsieht, wenn der Kunststoff-Preis im Jahresmittel einen bestimmten Preiskorridor verlässt."

„Wie wirkt sich bei TT eine Tariferhöhung von 5 % aus?"

„TT bezahlt derzeit über Tarif, aber wir können eine Lohnerhöhung von 5 % einmal simulieren. Schau dir die die folgen Tabelle an, in der die Löhne und Gehälter der einzelnen Mitarbeiter aufgeführt sind. Wir unterstellen, dass auch die Führungskräfte an der Lohnerhöhung partizipieren."

Effekt einer Lohnerhöhung

	AK	Jahresgehalt pro MA	Lohn-summe
produzierende Mitarbeiter: direkte Löhne			
Montage	20	30.000	600.000
KS Spritzerei	12	38.000	456.000
direkte MA die nicht produzieren			
Montage	6	30.000	180.000
KS Spritzerei	3	38.000	114.000
Eigentümer (Geschäftsführung, Vertrie	1	100.000	100.000
Prokurist (Buchhaltung, Personalwese	1	70.000	70.000
Entwicklung, Konstruktion	1	60.000	60.000
Assistent	1	50.000	50.000
Fertigungs-Leiter	1	65.000	65.000
AV, IE, Meister	3	60.000	180.000
Instandhaltung, Wartung, Vorarbeiter	2	50.000	100.000
Wareneingang, Versand	3	38.000	114.000
Innerbetrieblicher Transport	4	38.000	152.000
Qualitätssicherung	2	40.000	80.000
Azubi	2	10.800	21.600
			2.342.600
		3%	70.278
		4%	93.704
		5%	117.130

„Ramon, bei einer Lohnsumme von 2.342.600 € im Jahr würde eine Lohnerhöhung von 5 % einen Jahresbetrag von 117.130 € ausmachen. Die abzuführenden Versicherungsbeiträge von ca. 40 % ergäben weitere 46.852 €. Dann wären von unserem Jahresgewinn gerademal 80.000 € übrig."

„Könnte TT diese Mehrkosten kompensieren, wenn die Wandstärke am CM17, wie du es bereits erwähntes, von 2,0 auf 1,8 mm reduziert werden könnte?"

„Diese Maßnahme könnten wir nur mit Einverständnis des Kunden durchführen und wir müssten damit rechnen, dass er mindestens einen Teil der Ersparnis abbekommen möchte. Aber wir können diesen Effekt einmal ermitteln.

Also, aus der CM17 Kalkulation ergibt sich ein Effekt von 0,04 €. Bei einer Jahresstückzahl von 500.000 wird daraus eine Einsparung von 20.000 €. Diese Maßnahme würde uns also nicht viel helfen.

Jetzt wir können uns noch ansehen, welche Ersparnis die Verringerung der Zykluszeit von 0,60 auf 0.55 Minuten ergäbe. Die Herstellkosten des Eimers würden sich dadurch um 7 Cent reduzieren. Beim Deckel kämen weitere 2 Cent dazu also in Summe 0,09 €. Wieder mit der Jahresstückzahl multipliziert ergäbe dies eine Kostenreduzierung von 45.000 €.

Maßnahme für Maßnahme kämen wir dem Ziel näher, aber es wäre schwierig."

„Ich spreche es ungern an, aber können wir auf der Personalseite etwas tun?"

„Du meinst Stellen abbauen? Vor einigen Jahren haben wir den Portier, der in Rente ging nicht wieder besetzt. Das brachte einen Jahreseffekt von 35.000 €. Mit der Betriebsrätin hatten wir vereinbart, dass wir, um die Sicherheit auf dem Betriebsgelände gewährleisten zu können, die vier Außenkameras installieren. Das hat uns mit Anlagen, Software und Installation auch 14.000 € gekostet. Und wenn ein Kunde kommt, muss er erst bei uns anrufen, dass wir ihn abholen, du hast es ja selbst erlebt. Das hält uns von der eigentlichen Arbeit ab. So ganz toll war diese Maßnahme nicht.

Ich wüsste nicht, wo wir einen Stellenabbau durchführen können, ohne die Produktion zu gefährden. Die dritte Meisterstelle haben wir wegen der verlängerten Werkbank in Wöckingen und zur Einführung der Nachtschicht erst geschaffen. Ähnlich ist es mit den zwei Ausbildungsplätzen."

„Ich weiß, das ist ein heikles Thema. Es gibt Firmen, die verlagern die Entwicklung nach draußen."

„Du willst meinen Daniel entlassen?"

„Tamara, jetzt nimm dies doch bitte nicht persönlich. Aber macht es der Wettbewerber nicht auch so? Und wenn wir Gründe haben, es bewusst nicht zu tun, sind wir für die Zukunft von TT doch viel besser aufgestellt."

War das Zufall? Es klopfte an der Tür und Theo Tüchtig trat herein. Er blickte in das betretene Gesicht seiner Assistentin und nahm einen verunsicherten Praktikanten wahr.

„Hallo ihr beiden, ich habe euch sonst immer so einträchtig erlebt. Jetzt scheint es mir, als ob es etwas Unangenehmes gäbe."

Ramon packte sich ein Herz. „Herr Tüchtig, ich glaube ich bin daran schuld. Frau Engel gibt sich wirklich alle Mühe, um mich in die Kalkulationsmethode von TT einzuweisen und wir sind auch fast am Ende angelangt. Wir waren gerade dabei, Auswirkungen von Kostenerhöhungen zu analysieren. Wir hatten eine Lohnerhöhung von 5 % simuliert und festgestellt, dass dann die Gewinne dramatisch einbrechen würden. Auf der Suche nach Ratio-Maßnahmen habe ich dann gefragt, ob TT Stellen abbauen könnte. Ich schäme mich beinahe für diesen Vorschlag. Frau Engel steht voll und ganz hinter diesem Unternehmen und den Menschen, die hier ihre Arbeit gefunden haben."

„Herr Dinero, die Menschen hier sind mein Kapital. Nur mit Ihnen kann ich etwas erreichen. Hallen und Maschinen lassen sich mit Geld beschaffen, aber so gute Leute, wie ich sie habe, gibt es nicht so schnell. Ihr Ansatz, die Notwendigkeit jeder Stelle zu hinterfragen ist legitim und muss, um ein Unternehmen nachhaltig erfolgreich im Wettbewerb erhalten zu können, auch laufend gestellt werden.

Die letzte Stelle, die ich abgebaut habe, ist die des Pförtners gewesen und ich bin nicht glücklich darüber. Bevor ich eine weitere Stelle abbaue, versuche ich den Personen zusätzliche Aufgaben und Inhalte zu geben. Durch den CM17 wird unser Warenumschlag mehr als verdoppelt werden. Herr Schock mit seinen Leuten wird dies zu spüren bekommen. Einen Teil des Mehraufwandes wird unsere verlängerte Werkbank in Wöckingen tragen. Unser Entwickler, der in Personalunion auch Konstrukteur unserer Teile und der Betriebsmittel ist, hat mit dem CM17 ein wirklich großes Projekt zusätzlich zu betreuen. Ich bin sehr froh, dass ich ihn habe. Auch die Frau Engel hier, übernimmt die bekannten zusätzlichen Aufgaben mit einem Schwung und einer Professionalität, dass ich es mir nicht besser wünschen könnte.

Ich bin immer offen, für Vorschläge zur Effizienzsteigerung. Ich sehe aber meine Aufgabe, den Menschen hier den Arbeitsplatz zu sichern. Und gerade wir studierten, von der Natur mit besonderen Talenten ausgestatteten Menschen, haben die Aufgabe für die anderen, die dort unten ihren Rücken Tag für Tag krumm machen, die Arbeit zu erhalten. Denn ohne diese könnten sie ihre Familien nicht ernähren und diese wunderschöne Gegend würde verwaisen und veröden."

Tamara und Ramon schauten fasziniert zu ihrem Chef.

„Herr Tüchtig, ich bin ja erst vier Tage in Ihrem Betrieb, aber ich bin stolz, bei TT das Praxissemester absolvieren zu können. Und ich verspreche Ihnen, ich werde mir Ihre Worte zu Herzen nehmen und danach handeln, sollte ich einmal in einer leitenden Funktion sein."

„Und wir werden in diesen Wochen alles dazu beitragen, sie zu dieser Führungsposition zu befähigen."

Mit diesen Worten klopfte Herr Tüchtig zweimal auf die Tischplatte und verabschiedete sich so schnell, wie er gekommen war.

Zeitfracht Medien GmbH
Ferdinand-Jühlke-Straße 7
99095 Erfurt, Deutschland
produktsicherheit@kolibri360.de